D1718358

Steffis Bruder wird getauft

von Regine Schindler
Bilder von Sita Jucker

Verlag Ernst Kaufmann · Lahr

Steffi hält ihren kleinen Bruder fest im Arm. „Simon, morgen wirst du getauft", flüstert sie. Simon versteht noch nichts. Er ist erst drei Monate alt. Aber es gefällt ihm auf dem Schoß seiner Schwester. Auch Steffi ist froh. Sie spürt Simons kleine, warme Hand. Sie wiegt den Bruder hin und her. „Taufe! Was ist das wohl?" Steffi möchte mehr darüber wissen.

Die Mutter bügelt. Sie bügelt das Taufkleid für Simon. Es ist aus feinem Stoff. „Mutter, was ist das eigentlich, die Taufe?" fragt Steffi. „Warte, Steffi! Ich bin gleich fertig, dann kann ich mit dir reden." Steffi wartet. Endlich ist auch das Käppchen mit dem Spitzenrand gebügelt. „Ja Steffi, die Taufe! Wir bringen Simon morgen in die Kirche. Wir bringen ihn zum Pfarrer." „Und was macht er mit dem Simon?" „Er tauft ihn eben. Er sagt: Simon Weber, ich taufe dich im Namen des Vaters, des Sohnes und des Heiligen Geistes. Dabei macht er das Köpfchen von Simon dreimal naß. Im Taufstein gibt es ein Becken, und darin ist das Wasser."

Steffi fragt weiter: „Das Wasser, Mutter, ist das Wasser das Wichtigste an der Taufe?" „Vielleicht. Ich kann es dir nicht so gut erklären. Aber ganz früher brauchten die Menschen noch viel mehr Wasser bei der Taufe. Sie stiegen in einen Fluß. Sie wurden ganz untergetaucht. So wurden sie getauft."

Steffi möchte noch viel mehr fragen. Aber Beate ruft und Simon beginnt zu weinen. Die Mutter muß sich um die zwei Kleinen kümmern. „Nie hast du Zeit für mich", sagt Steffi leise. „Ich möchte auch getauft werden."

Auf Mutters Arm weint Simon nicht mehr. Auch Beate ist wieder zufrieden. Steffi hört, wie die Mutter eine Schublade der alten Kommode herauszieht. Sie ruft: „Komm Steffi, ich will euch etwas Schönes zeigen!"

Auf dem Boden liegen zwei Bücher. Die Mutter schlägt eine Seite auf. Steffi sieht ein Photo mit einem Kind in einem sehr feinen Taufkleid. Das Kind liegt im Arm der Mutter. „Das sieht aus wie Simons Taufkleid!" sagt Steffi erstaunt. Sie schaut die Mutter an. „Ja, und das Kindlein bist du, Steffi. Auch du bist getauft worden, vor fast sechs Jahren. Auch für dich haben wir alles schön gemacht." „Sehr schön!" Steffi seufzt. „Schade, daß ich mich nicht daran erinnern kann."

Plötzlich hat Steffi eine Idee! Sie lacht. „Ich weiß ein lustiges Spiel, komm Beate!" Die beiden kleinen Mädchen verschwinden im Kinderzimmer. Die Mutter ist froh. Jetzt hat sie Zeit, Simon zu füttern.

„Komm, Beate, wir spielen Taufe. Schau, unsere Puppen warten schon." Für Erna und Mohrle hat die Mutter auch ein Taufkleid genäht. Für Erna sogar ein Käppchen, fast genauso wie Simons Käppchen.

„Das Wichtigste, was wir jetzt brauchen, ist Wasser." Beate schaut die Schwester erstaunt an. Mit Wasser spielen? Das wird fein! Leise schleicht Steffi ins Badezimmer. Sie füllt das Becken, in dem Mutter die Pullis wäscht, mit Wasser. Sie trägt das Becken hinüber ins Kinderzimmer. Ist das schwer! Sie hat etwas Wasser ausgeschüttet!

Steffi schaut ins Wasserbecken. Sie sieht ihr Spiegelbild. Und ganz schnell steckt sie ihren Kopf ins Wasser. Sie lacht. Sie schüttelt sich und blinzelt. Das Wasser läuft ihr über das Gesicht. „So naß wurden die Menschen ganz früher beim Taufen! Sie wurden richtig untergetaucht! Mama hat es mir erzählt!"

„Und jetzt taufen wir die Puppen!" Erna kommt als erste an die Reihe. „Ich bin der Pfarrer", sagt Steffi. „Ich auch, ich auch!" ruft Beate. Beide Kinder betupfen Ernas Stirne mit Wasser. Steffi sagt feierlich: „Erna, ich taufe dich… Erna, ich taufe dich… So, jetzt heißt du Erna."

Wie der Spruch des Pfarrers weitergeht, weiß Steffi nicht mehr so genau. Und jetzt kommt Mohrle an die Reihe. Ihre schwarzen Locken werden naß. „So, jetzt bist du eine getaufte Puppe, eine sehr feine getaufte Puppe, Mohrle." Steffi und Beate sind zufrieden.

Im Hintergrund hören sie Vaters Stimme. „Oh, Vater ist da!" Beide laufen zu ihm.

Der Vater steht an Simons Körbchen. Ganz vorsichtig gibt er ihm die Hand. „Guten Tag, kleiner Simon", sagt er. Auch Steffi und Beate drängen sich ans Körbchen. „Simon, morgen bist du die Hauptperson! Viele Gäste kommen! Morgen wirst du getauft! Morgen feiern wir ein Fest für dich. Ganz viel hab' ich für unser Fest eingekauft: zu essen, zu trinken, Blumen, Kerzen."

Simon ist satt und müde. Er schläft bald ein.

Für die anderen gibt es jetzt Mittagessen. Dann macht auch Beate einen Mittagsschlaf.

Die Mutter hat für alle Gäste Tischkarten vorbereitet. Steffi verziert sie mit Blumen. „Du bist schon richtig groß. Ich bin froh, daß du mir hilfst", sagt die Mutter zu Steffi.

Steffi kann schon ein bißchen lesen. Sie liest die Namen. Sie freut sich auf alle, die morgen zur Taufe kommen, vor allem auf Großmama und Großpapa.

Steffi weiß, daß die Paten bei der Taufe wichtig sind. „Wer sind eigentlich Simons Paten?" fragt sie plötzlich. Die Mutter gibt ihr zwei Kärtchen. Auf einem liest Steffi langsam „Onkel Markus", auf dem anderen „Annette". „Zwei liebe Paten, zwei lustige!" sagt Steffi. „Sie werden Simon schöne Geschenke machen. Sie werden ihn besuchen. Dazu sind Paten doch da?" „Vielleicht auch", antwortet die Mutter. „Die Paten wollen wie wir immer gut für Simon sorgen", fügt sie hinzu. „Sie werden uns helfen, Simon glücklich zu machen. Ich hoffe, daß sie ihm auch vom lieben Gott erzählen. Vom lieben Gott, der die Sonne gemacht hat, die Blumen, auch dich und unseren Simon. Vom lieben Gott, der dich und uns alle lieb hat."

Steffi wird ganz still. Sie überlegt. Sie möchte gerne alles noch besser verstehen.

10

Es ist Sonntag! Hinter dem Pfarrer gehen Mutter, Annette, Vater und Onkel Markus in die Kirche. Annette trägt Simon. Auch Steffi und Beate sind dabei. Über Nacht hat es geschneit. Simon ist warm eingepackt.

Alle andern warten schon in der Kirche. Die Glocken hören auf zu läuten.

Die Mutter, der Vater und die Paten setzen sich mit Simon in die vorderste Kirchenbank. Alle sind ernst und still. Die Orgel spielt laut.

Die Musik hört auf. Jetzt schauen sie nach vorn und hören gut zu.

Hinter dem Taufstein steht der Pfarrer. Steffi kennt sein Gesicht. Aber er sieht heute ganz anders aus. Er trägt einen schwarzen Mantel, der oben mit zwei steifen weißen Streifen verziert ist.

Er spricht mit lauter feierlicher Stimme. Ganz anders als letzte Woche! Letzte Woche hat der Pfarrer Steffis Eltern besucht. Er hat mit ihnen lange über die Taufe gesprochen. Aber zuerst hat er auch ein bißchen mit Steffi und Beate gespielt. Er hat Simon genau angeschaut. „Er kennt uns jetzt alle", denkt Steffi.

Sie freut sich, wie plötzlich alle Menschen zu singen beginnen.

14

Der Pfarrer hat gewinkt. Annette trägt Simon nach vorne. Natürlich gehen auch Mutter, Vater und Onkel Markus zum Taufstein. Auch den Kindern hat der Pfarrer gewinkt. Steffi und Beate, aber auch die Kinder von Onkel Markus gehen nach vorn. Sie wollen genau sehen, wie Simon getauft wird. Hinter dem Blumenstrauß glitzert das Wasserbecken. Auf dem Rand liegt das Ringbuch des Pfarrers. Er schaut manchmal hinein; denn da sind all die schwierigen Dinge aufgeschrieben, die er sagen will.

Plötzlich sagt der Pfarrer laut etwas ganz Einfaches: „Liebe Gemeinde. Wir taufen heute den Simon Weber."
Das ist gut, denkt Steffi. Alle Leute im Dorf hören, daß wir den Simon haben und wie er heißt!

Jetzt taucht der Pfarrer seine Hand ins Wasser. „Simon, ich taufe dich im Namen des Vaters und des Sohnes, Jesus Christus, und des Heiligen Geistes." Er spricht langsam. Dreimal macht er mit der Hand Simons Stirne naß.

„Simon, Gott ist immer bei dir.
Er verläßt dich nicht.
Simon, mit uns allen gehörst du zu Jesus
und zur Gemeinde der Christen.
Wir freuen uns, daß du da bist."

Dann betet der Pfarrer:

„Guter Gott, wir danken dir für das Kind,
das wir hier zur Taufe gebracht haben,
für den Simon.
Du hast ihm Augen gegeben,
um deine Schöpfung zu bewundern,
Augen zum Lachen.
Du hast ihm einen Mund gegeben zum Essen,
einen Mund zum Reden,
einen Mund, um auch mit dir zu reden.
Du hast ihm noch viel mehr gegeben.
Wir danken dir.

Lieber Gott,
dieses Kind ist nicht nur das Kind
von Herrn und Frau Weber,
es ist dein Kind.
Du bist für Simon wie ein guter Vater!
Wir bitten dich:
Mach, daß Simon etwas von dir spürt,
wenn er größer wird.
Mach, daß er später mit dir reden kann.
Halte du den Simon in deiner Hand!
Halte uns alle in deiner Hand!

                              Amen.“

18

Alle sitzen wieder an ihren Plätzen. Der Pfarrer ist auf die Kanzel gestiegen. Er predigt jetzt. Zum Glück ist Simon ruhig. Manchmal wiegt ihn Annette auf ihren Armen hin und her. Wenn sie müde ist, nimmt der Vater Simon auf den Arm und schaukelt ihn.

Der Pfarrer erzählt eine Geschichte: „Es ist eine Geschichte, die Jesus den Menschen erzählt hat", sagt er. „Jesus hat den Menschen gute Geschichten erzählt. Geschichten von Gott." Steffi denkt nach über Jesus. Sie hört nicht mehr auf die Predigt des Pfarrers. Nur manchmal versteht sie ein Wort. Komisch, denkt sie, der erzählt die Geschichte von einem Mann, der von zu Hause wegläuft und Schweine hüten muß.

Das Stillsitzen wird für die Kinder immer schwerer. Beate zappelt und flüstert. Sie trippelt durch die Kirche nach hinten und setzt sich auf Großmamas Schoß. Simon beginnt zu weinen.

Steffi ist froh, daß wieder laut gesungen wird und der Gottesdienst bald fertig ist.

Es wird Abend. Die Taufgäste sind fort. Die Kinder sind müde. Da kommt der Vater und setzt sich auf Steffis Bett. „Die Geschichte von dem Mann, der Schweine hüten mußte – erzählst du sie mir jetzt?" fragt Steffi schnell. Der Vater hat endlich Zeit. Er erzählt:

Ein Vater hatte zwei Söhne. Beide Söhne helfen dem Vater auf dem Bauernhof. Der jüngere Sohn sagt zum Vater: „Ich bin groß. Ich kann gut für mich selbst sorgen. Ich will fortgehen in die weite Welt. Gib mir Geld!"

Der Vater gibt ihm Geld, einen ganzen Sack voll.

Der Sohn geht in ein fremdes Land. Er hat ein lustiges Leben. Er ißt viel. Er trinkt viel. Er kauft sich schöne Kleider. Aber plötzlich wächst in dem fremden Land kein Korn mehr; denn es hat lange nicht mehr geregnet. Das Brot wird sehr teuer. Der Bauernsohn jammert: „Ich habe Hunger! Ich habe Durst! Ich habe kein einziges Goldstück mehr! Ich kann nichts zu essen kaufen!" Er geht zu einem Bauern. Er fragt: „Darf ich bei dir arbeiten? Gibst du mir Geld dafür?" Der Bauer sagt: „Du darfst auf meine Schweine aufpassen." Der junge Mann sitzt hungrig neben dem Futtertrog. Jetzt ist er Schweinehirt. Er darf nicht einmal vom Schweinefutter essen.

Er denkt an seinen Vater: Die Knechte meines Vaters bekommen Brot und Milch! Ich will heimgehen. Ich will bei meinem Vater arbeiten. Ich will zu ihm sagen: Es war nicht gut, wegzulaufen.

Von weitem sieht der junge Mann den Bauernhof seines Vaters. Steht da nicht jemand? Er kommt auf ihn zu. Er breitet seine Arme aus. Es ist der Vater! Er umarmt seinen Sohn. Er gibt ihm einen Kuß. Der Vater schimpft nicht mit seinem Sohn.

Er ruft den Knechten zu: „Bringt ihm das beste Kleid! Schlachtet ein Kalb und bratet es! Freut euch mit mir, denn mein Kind ist wieder da. Ich hatte meinen Sohn verloren – jetzt habe ich ihn wiedergefunden." Ein großes Fest wird auf dem Bauernhof gefeiert. Alle tanzen und singen, essen und trinken.

Der Vater schweigt. Steffi schaut ihn an und sagt: „Der Pfarrer hat heute morgen gesagt: Es ist eine Geschichte von Gott." „Es ist wirklich eine Geschichte von Gott", sagt der Vater. „So wie dieser Vater ist Gott. Er hat uns sehr lieb. Auch wenn wir Gott manchmal vergessen. Wir alle gehören zu Gott wie Kinder zu ihrem Vater. Daran wollen wir bei der Taufe denken!" „Woher kommt diese Geschichte, Vater?" fragt Steffi. Der Vater antwortet: „Die Geschichte vom verlorenen Sohn hat uns Jesus erzählt. Sie ist aufgeschrieben in der Bibel. Jesus gehört ganz nahe zu Gott. Wir nennen ihn Gottes Sohn."

Der Vater überlegt weiter: „Es ist gut, daß du gefragt hast, Steffi. Der Pfarrer hat ja gesagt: Simon Weber, ich taufe dich im Namen des Vaters – das ist Gott! – und des Sohnes – das ist Jesus! – und des Heiligen Geistes. Der Pfarrer hat Simon versprochen: Gott verläßt dich nicht. Mit uns allen gehörst du zu Jesus, zur Gemeinde der Christen." „Und ich? Gehöre ich auch dazu?" fragt Steffi. „Natürlich Steffi! Du und ich, wir alle gehören zu Jesus."

Es ist still geworden in der Wohnung. Die Mutter kommt herein. Steffi gähnt und sagt: „Ich bin jetzt müde. Es war sehr schön heute." Sie bettet die Puppe Erna auf ihre rechte, den Bär auf ihre linke Seite und legt sich hin. „Gute Nacht Vater, gute Nacht Mutter!"

24

Nachwort für Eltern und Erzieher

Dieses Büchlein soll Kinder und Eltern anregen, zusammen über die Taufe zu reden und sich auch an die eigene Taufe zu erinnern. Im Mittelpunkt steht die bedingungslose Zusage Gottes, wie sie in der hier dargestellten Taufe vom Pfarrer so ausgedrückt wird: „Simon, Gott ist immer bei dir. Er verläßt dich nicht!" Für das Kind, dem man dies Buch vorliest, kann die liebevolle Zuwendung von Steffis Eltern unausgesprochen zum Bild werden für Gottes Verhalten. Denn es ist wohl nicht möglich, dem Kind gegenüber von einem guten Gott zu reden, der das Kind wie die Mutter oder der Vater liebt, wenn diese Liebe in der Realität nicht konkret erfahrbar und im Zusammenleben spürbar ist. Solches Verhalten der Eltern erhält aber durch das Gleichnis vom verlorenen Sohn, das in dieser Geschichte erzählt wird, eine andere Dimension. Mit dieser biblischen Geschichte und mit der angedeuteten Beziehung zu Jesus wird die Taufe zu mehr als einem feierlichen und aufregenden Familienfest. Das Kind erfährt, daß es selbst in die Gemeinde der Christen aufgenommen ist und dadurch zu Jesus gehört. Auch der Dank an den Schöpfergott, zu dessen Werk das kleine Taufkind gehört, führt über eine mehr äußerliche Freude hinaus.
Allerdings kann Entscheidendes dem kleinen Kind noch nicht erklärt werden. Es erlebt, daß das Wasser mit zur Taufe gehört. Daß das Wasser aber mit dem Abwaschen der Sünde zu tun hat, mit einem Abwaschen, das nur durch den Tod Jesu möglich ist, kann es noch nicht verstehen. Das Verhalten des vergebenden Vaters im Gleichnis deutet auf diesen tieferen Sinn, der zum Sakrament der Taufe gehört. Auch die Dreieinigkeit Gottes, die in der Taufformel vorkommt und ein wichtiger Bestandteil der für alle Konfessionen gültigen Taufe ist, muß für die Kinder weitgehend rätselhaft bleiben. Wir meinen aber, daß in der Geschichte dieses Büchleins etwas vom Wirken des Vaters, des Sohnes und des Heiligen Geistes spürbar wird, ohne daß dies im einzelnen gesagt oder gar bewiesen werden müßte.
Die Taufe eines Kindes kann zum Anlaß werden, mit den Geschwistern des Täuflings oder andern Kindern erste Schritte in der religiösen Erziehung zu tun. Den Eltern wird nicht nur bewußt, daß sich in der Taufe das Versprechen Gottes ausdrückt, den Täufling in Barmherzigkeit anzunehmen. Sie sollten in diesem Zusammenhang bedenken, daß die Taufe von Erwachsenen in der frühen Christenheit den bewußten Entschluß bedeutete, fortan in der christlichen Gemeinde zu leben. Im Hinblick auf unsere Kinder bedeutet dies die Verpflichtung, sie nach Möglichkeit zur christlichen Gemeinde und zum Glauben zu führen. Dazu möchte dies Büchlein aufmuntern. Weiterführende Hilfe und Beispiele finden sich in Kurzform in der Broschüre „Unser Kind ist getauft – ein Weg beginnt" (von Alfred und Regine Schindler, Verlage E. Kaufmann, Lahr und F. Reinhardt, Basel), ausführlicher in „Erziehen zur Hoffnung" (von Regine Schindler, Verlage E. Kaufmann und Theologischer Verlag Zürich).
Das vorliegende Büchlein erschien zuerst 1980, dann in weiteren Auflagen, versehen mit Photos von Hartmut Schmidt; heute ist es in dieser Form vergriffen. Die bunten künstlerischen Bilder von Sita Jucker und der bearbeitete Text der hier vorliegenden Ausgabe werden Eltern und Kindern hoffentlich auf neue Weise einen Zugang zur Taufe ermöglichen.

4. Auflage 1995
© 1980 by Verlag Ernst Kaufmann, Lahr
Umschlaggestaltung: Reinhard Herrmann
Gesamtherstellung:
Druckhaus Kaufmann, Lahr
Alle Rechte vorbehalten.
Printed in Germany
ISB N 3-7806-0432-9

Die Deutsche Bibliothek – CIP-Einheitsaufnahme

Steffis Bruder wird getauft / von Regine Schindler. Bilder von Sita Jucker. –
4. Aufl. – Lahr : Kaufmann, 1995
(Religion für kleine Leute)
ISB N 3-7806-0432-9